AF368515

ESCONDIDA DETRÁS DE SU SOMBRERO

PREMIO INCENTIVO

INTENDENCIA DE MALDONADO, 2018

ExLibric

ROCÍO CARDOSO

ESCONDIDA DETRÁS
DE SU SOMBRERO

PREMIO INCENTIVO

INTENDENCIA DE MALDONADO, 2018

EXLIBRIC

ANTEQUERA 2020

ROCÍO CARDOSO

ESCONDIDA DETRÁS
DE SU SOMBRERO

PREMIO INCENTIVO

INTENDENCIA DE MALDONADO, 2018

Men often make up in wrath
what they want in reason.
*(El hombre compensa con furia
la falta de razón).*
WILLIAM R. ALGER

*Lo único realmente nuevo que podría intentarse
para salvar la humanidad en el siglo XXI es que
las mujeres asuman el manejo del mundo.
La hegemonía masculina ha malbaratado
una oportunidad de diez mil años.*
GABRIEL GARCÍA MÁRQUEZ

Prólogo

Siempre se ha dicho que la cara es el espejo del alma, por eso el título de este libro de poemas de Rocío Cardoso es tan sugerente y simbólico: todo hace pensar en una tragedia contenida, en la ocultación de huellas de humillación y sometimiento. Rocío Cardoso es una poeta comprometida con la eliminación de la violencia hacia la mujer.

Para el prólogo de su libro *Una voz sin susurros* (ed. Botella al mar, 2016) escribí:

> La propuesta poética *Una voz sin susurros* también nos dice mucho sobre el compromiso de la poeta: ella es una escritora comprometida con su tiempo, quiere desvelar, dejar ver cómo están las cosas y también nos va indicando la necesidad de cambio. Hace visible las emociones, impacta con la palabra precisa, no deja indiferente a quien lee, mueve a solucionar la violencia de género por empatía, este es el efecto que consigue magistralmente con su obra poética. Rocío Cardoso nos acerca, con su poesía, a la intimidad de la mujer maltratada.

Escondida detrás de su sombrero es una continuación de la obra poética de Rocío Cardoso: en ella insiste en contar la vida de una mujer maltratada desde la intimidad de sus pensamientos. Incómoda, una trata de zafarse del dolor pensando: «Ella no soy yo, o sí. Ella está muy lejos, o no». Inevitablemente, como mujer te pones en lugar de *Ella* (el personaje poético) entrando en una melancolía y una angustia difícil de soportar. Rocío Cardoso nos pone frente al espejo, nos hace reflexionar y nos obliga a pensar (*Ella* no tiene nombre, *Él* es anónimo: ¿la pareja?, ¿el esposo?, ¿el padre?).

Cualquiera que se acerque a la poesía de Rocío Cardoso podrá sentir el dolor, la humillación continuada y una agonía atemporal que casi se puede palpar:

> ESE hombre
>   la vigila.

> Ella ve su paso firme
> sin saber cuánto tiempo más
> soportará ese tormento,
> (...).

Rocío Cardoso tiene un estilo narrativo propio: hábilmente nos conduce verso a verso por el camino emocional de *Ella*. Nos encontramos ante una mujer maltratada que parece incapaz de salir de su aislamiento.

Rocío Cardoso sabe que mi experiencia de años en la atención a mujeres que sufren maltrato y en programas para la eliminación de la violencia hacia la mujer me va a hacer saltar en rebeldía; ella lo sabe y me pide un nuevo prólogo para este que es el tercer libro de poesía que trata la violencia hacia la mujer.

Hay una novedad y es que este se va a editar en España: los anteriores libros editados en Uruguay han tenido una difusión y un reconocimiento magnífico. Cabe citar la Ley[1] Española de Protección Integral contra la Violencia de Género de 2004[2] y la Ley de igualdad entre mujeres y hombres de 2007[3]; este sería el marco legal que nos ampara: «La violencia contra la mujer es el crimen encubierto más frecuente en el mundo»[4]. La experiencia me dice que si no se llega al corazón de la persona esta no reacciona de manera que posibilite el cambio. La inteligencia emocional y la ayuda externa de profesionales especializados en temas de violencia de género debería indicar el camino para superar la situación de víctima.

En el lenguaje poético se interioriza lo real concediendo palabra al ánimo intuición y sentimiento: se expresa la interioridad, lo que es se concentra en el sentimiento, que se universaliza; se destila en las palabras para dirigirse a la conciencia. La libertad del sujeto (*Ella* en el poemario de Rocío Cardoso) es la que impregna desde dentro de sí todo aquello que *Él* (el sujeto) expresa en su

---

1 Ley Orgánica 1/2004, de 28 de diciembre, de Medidas de Protección Integral contra la Violencia de Género (España).

2 «Acto de violencia física y psicológica, incluidas las agresiones a la libertad sexual, las amenazas, las coacciones o la privación arbitraria de libertad, ejercida por quienes sean o hayan sido sus cónyuges, o quienes estén o hayan estado ligados a ellas por relaciones similares de afectividad, aun sin convivencia». Ley Integral, L. O. 1/2004.

3 Ley Orgánica 3/2007, de 22 de marzo, para la igualdad efectiva entre mujeres y hombres. El artículo 14 de la Constitución española proclama el derecho a la igualdad y a la no discriminación por razón de sexo. Por su parte, el artículo 9.2 consagra la obligación de los poderes públicos de promover las condiciones para que la igualdad del individuo y de los grupos en que se integra sean reales y efectivas.

4 Asamblea ONU. «II Conferencia Mundial sobre la Mujer». Copenhage, 1980.

canto. Esta sería en esencia la definición de *lírica* en la teoría de Hegel, *La poesía y el mundo*.

> La violencia contra las mujeres es una manifestación de las relaciones de poder históricamente desiguales entre hombres y mujeres, que han conducido a la dominación y la discriminación contra la mujer por el hombre, y para frenar el avance pleno de la mujer.[5]

Si algo nos une a Rocío Cardoso y a mí es la opción poética para expresar nuestra solidaridad con las mujeres que sufren violencia de género. En este camino *sórico* nos encontramos.

Concluyo agradecida con uno de mis poemas:

---

5 *Declaración de Beijing*, ONU, 1995.

Romper la fuente del dolor

Niña, puedes romper la fuente del dolor,
ser tú, volver en sí, del abismo emerger,
mover tu identidad, en ella resolver,
armonía vivir, soñar sin más temor.

Niña, debes romper el círculo violento,
abrir tus ojos grandes, dejar ya de llorar,
pues sufres la violencia en tu cuerpo mortal;
si el silencio rasgaras, gritarías como el trueno.

Niña, puedes romper la fuente del dolor
y cimentar un mundo de afecto y de armonía;
con voz sincera ocurra que siembres la poesía
y tu vida acontezca con verdadero amor.

Poeta Aurora Gámez Enríquez,
presidenta del grupo ALAS
(Autoras por la Literatura y las Artes)

Basta de violencia

Cada hora que pasa se cometen más delitos de violencia doméstica y es un factor de riesgo que incrementa hasta en un 60 % enfermedades de carácter físico, psicológico y/o sexual, y que puede tener múltiples consecuencias sobre la salud de la víctima, donde se registran lesiones, hematomas, quemaduras, fracturas, trastornos crónicos, dolores musculares, dificultad para respirar y discapacidad permanente. Pero la violencia psicológica resulta más peligrosa: algunas de las consecuencias más comunes son el síndrome de estrés postraumático, depresión, angustia, baja autoestima, aislamiento social, fobias y estados de pánico. Relevamientos realizados en hospitales públicos y privados dejaron al descubierto cifras realmente impactantes sobre el tema: una de cuatro mujeres uruguayas sufre violencia doméstica.

La violencia de género no conoce estrato social ni edad, basta leer para ver cómo un diputado es denunciado a través de la red por agredir a su esposa frente a su hija. No basta confesarse los domingos para luego, de lunes a sábado, hacerle la vida imposible al sexo opuesto, ya sea en el ámbito familiar como también en el laboral. En este último, la violencia está instalada como algo habitual y todos callan para no perder el trabajo.

Es un problema de la sociedad en su conjunto del que todos debemos responsabilizarnos y en el que comprometernos en su difusión, sensibilización y educación: es de ley y de ética.

Escondida detrás de su sombrero enfatiza a través de la poesía el tema de violencia superponiendo dos dimensiones temporales en un doble juego entre la violencia y el dolor de una mujer que se oculta para esconder su cuerpo. La palabra poética evoca imágenes de lo vivido con la fuerza de la permanencia en su memoria y la fragilidad de los escuetos límites del lenguaje.

La autora

¿No la oyes?
Es ella la que llora
          en ese vacío

padece pesadillas
extraños dolores
sin encontrarse a sí misma

le hubiera gustado
no saber de amores
    ni silencios
para no ser un fantasma

escondida
detrás de su sombrero

ESE hombre
   la vigila

ella escucha su paso firme
sin saber cuánto tiempo más
soportará ese tormento

si la crueldad
dejará algún día
de azotar con el delirio

como gárgola
él la observa
       cautiva en su templo

mientras ella
se esconde
con la soga de la muerte
debajo de la mesa
y
escucha los pájaros malditos
      que huyen
         al caer el poniente

ESAS manos
penetran su carne
como dagas de fuego

mentiras y promesas
la torturan sin piedad

afuera
cae la lluvia
y sus lágrimas
en los cristales
dibujan una rosa negra

No hay ruidos en la casa
solo silencio
              roto

cuando le grita
«¡eres mala!»

su corazón salta
y su cuerpo se anida
y un golpe
estremece todo su tiempo

quiere escapar hacia la nada
como si no existiera

pero cansada de luchar
el miedo la detiene
sin que nadie
              piense en ella

Por la noche
se acerca descalzo

ella lo siente
y él se acomoda
          sobre su piel

finge estar dormida
aunque escuche
palabras densas
que desgarran su alma
certificando la muerte
en esa tiniebla indescifrable

quiere emigrar con las aves perdidas
llevar su voz
a otro puerto
          para renacer
          con la fuerza del oleaje creciente

ABRE los ojos
y sus pupilas
reflejan esa imagen
       que somete
su cuerpo humillado

cubre su rostro:
no hay plegarias
que puedan liberarla

y ser un pájaro libre
para escapar de esa trampa

QUIERE gritarle al viento
y se abandona
entre disfraces y opresiones

se desviste
en la espesura de su sangre
y el calor
se ausenta de su geografía

se deja seducir por la luna
que la sorprende
por la ventana entreabierta
y esa luz distinta
        al final del camino

sabe de memoria
su espacio de hoja fatigada
perdida entre náufragos
que escoltan su miedo

una lluvia imprecisa
inunda la extrañeza del invierno

El fastidio en su mirada
no es un adiós
que escapa
por los ojos de la tarde

la luna la despierta
          entre profecías,

siente caer el día sobre sus huesos
entre la tierra y la nada

su rostro herido
aleja otras señales
robadas a la oscuridad

inocente,
busca esa voz
que fue perdiendo

LAS lámparas lloran en secreto
cuando sigue allí
con la taza de café
       entre sus manos

un vendaval
hace tiritar las ausencias
       en su boca dormida

la luz
se pierde en el amanecer
mientras
una tormenta se desploma
       sobre sus huesos

OTRO día más
con sus manos apretadas
        y sin voz

gritos la atraviesan
en respiración entrecortada

el quejido entre sus piernas
            la cristaliza
en *La mujer rota*
de Simone de Beauvoir
que intenta reinventarse
            en su ostracismo

Es inútil: ese sueño desmedido

oculta su llanto
            entre las rocas
de un mar muerto

mientras
mira el horizonte
borra
su historia miserable

pierde su mirada
en la distancia
y le duele estar sola
sin un dios que la proteja

No hay tregua para ella

solo una imagen deslucida
detrás de su sombrero
la protege
de otro día hostil

solo retiene el hambre
en su esqueleto salvaje

se defiende del olvido
inventando
mariposas en sus heridas
entre sombras robadas
       y cosas sin sentido

AHORA es una extraña
entre sombras y derrotas

que decidió perderse
al cruzar el puente
que la salva del delirio

aún sobre su cuerpo
reposan viejas heridas

pero abre sus ojos
y otra vez
aquel doliente silbido
suspende su esperanza

OTRO golpe la despierta

nuevas confusiones
habitan sus ojos
cuando él se va silbando
esa canción terrible

permanece quieta
no quiere mudarse
al lugar vacío
donde asedian los halcones

bajo un cielo en sombras
es paloma moribunda
            cayendo al vacío

a lo lejos
el ocaso trae una música celeste
            que aplaca su miedo

En las noches intenta romper
todos los postigos
para iluminar su habitación

pero la luz es inalcanzable
las tinieblas
se repiten en su sombra
en ese inútil vagabundeo
           de aves a la intemperie

aun así
deja a los cuatro costados
los temores
           heridas y cenizas

TRAICIONADA
solo espera
esa improbable primavera
            para borrar su desdicha

mientras
escucha pasos
del otro lado de la puerta

se levanta
y se busca en el espejo,
se reconcilia consigo

y quiere volar
con todos los pájaros
            aunque no tenga alas

SUSPENDIDA en el aire
se detiene
            en un débil aleteo

quiere anidar en las estrellas
desaparecer
como sombra distraída
                    en la noche

elevarse en la brisa del viento
y que le devuelva otro horizonte

Sueña con el mar
imagina sus pies en la arena
            sintiéndose viva

inventa un reloj sin agujas
para no contar las horas
                en ese espacio salvaje

quiere abandonar
tanta violencia
y no transitar más
                ese calvario

En la silenciosa quietud
de un cielo deslucido
mira sus manos vacías
entre noctilucas
              y azahares

una sudestada
cruza la noche
agitando el arrullo
de las golondrinas

una luz se refleja
en la lejanía del mar
antes de que amanezca

ella
levanta su copa
en una ceremonia
              anunciando su huida

SIENTE el agua
mojando su rostro
mientras la noche queda atrás

respira y ríe con las gaviotas
que silban en su vientre

ya no hay distancia
        ni tiempo

solo nace con el día
como las mariposas
desplegando su vuelo
inventando una nueva vida

VIAJERA sin barco
ve la luz del sol
                iluminando sus huellas
y las ruinas en otro puerto

juega con los niños
                para pronunciar
palabras olvidadas

mientras las gotas de la lluvia
despiertan sus sentidos
                en la memoria de su sangre

FUE un árbol talado
en la tormenta,

pero ya no permite
            más traiciones
            ni mentiras

ha dejado de oír aquella canción
que lastimaba su espíritu

como niña renaciente
se ha revelado
desterrando su miedo

EL viento estremece la tarde
impasible mira el horizonte
y se funde en la espera
            de una luna desbocada

permanece allí
frente a ese mar
que no cesa de mirarla

se cobija
en su sombrero de esperanza
dejando de ser invisible

fantasea con ese camino
hurgando vértices rotos
buscando un verbo
que celebre
            esa última pausa

VESTIDA de infancia
exorciza secretos

mientras su voz se pierde
en el murmullo
octogonal del infinito

como pájaro sin nido
canta una melodía diferente
        bajo las estrellas

en el reverso del día
camina descalza
buscando una plegaria
para dejar de ser
        agonía en el viento

PUDO ser otra mujer más sin voz
rodeada de omisiones
olvidada de sí misma

pero marcó su huella
despidiéndose del horror
entre pinceladas de sangre

levantó su voz
rescatándose
mientras
tan cerca
              tan sola
una mariposa
se posa en su mano

en la noche
el mar besa la playa
con el salino aroma
              de la libertad

Guillermo Martí Ceballos

(Barcelona, 1958). Pintor admirador del expresionismo alemán y del fauvismo francés, Guillermo Martí Ceballos utiliza en su pintura el color como principal medio de expresión. Hijo del pintor Oriol Martí Valls, desde muy joven toma contacto de la mano de su padre con el oficio de la pintura. Cursa estudios de diseño gráfico y dibujo en la Escuela Massana de Barcelona. Más tarde entra a formar parte del Cercle Artístic de Sant LLuc y posteriormente en la escuela Boter Santaló en Barcelona. Durante algunos años alterna su faceta como diseñador gráfico e ilustrador con la pintura.

Su obra es figurativa, «pero si "imita" la naturaleza es más bien para transcenderla, para reinterpretarla, en función de su sensibilidad y conocimientos…», como expresa el poeta y filólogo Josep M. Fulquet en el prólogo del libro La emoción del color, editado sobre la obra del artista. Los motivos de sus cuadros son los motivos que la naturaleza le ofrece, tanto paisajes como figuras, así como abstracciones; si bien, la figura y el rostro femenino adquieren especial relevancia en su obra. Para este artista lo esencial en el arte es transmitir sensaciones y emociones a través de la belleza, del ritmo y de las armonías cromáticas.

Desde 1996 expone su obra regularmente en diferentes galerías del territorio español, obra que hoy se encuentra repartida también en países como Francia, Holanda, Alemania, Italia, Rusia, México y EE.UU.

www.gmarticeballosart.com

Biografía Rocío Cardoso

Nació en Montevideo (1955, Uruguay) y reside en Punta del Este desde el año 2006. Poeta y escritora infantil, creadora de la serie infantil *Talula*. Presidenta del Encuentro y Congreso de Literatura. Gestora Cultural. Durante quince años dirigió el programa cultural *Soltando Amarras*. Del 2006 al 2018 fue Presidente de los Encuentros Internacionales «Poetas y Narradores de las Dos Orillas». Del 2016 al 2017 integró la Comisión de Cultura «Alcalde por un día» de la Casa de la Cultura de Maldonado. Miembro del Comité Científico Internacional del 1.er Congreso Internacional Marco Antonio Corcuera (2017), organizado por la Fundación Marco Antonio Corcuera y la Universidad de Piura (Perú). Integró la delegación oficial de escritores uruguayos participantes de la 1.ª Feria Internacional del Libro de Ayacucho, FILAY (2017) en la que Uruguay fue el país invitado.

HA RECIBIDO:

- DISTINCIÓN Mujer Destacada en la Cultura, por Foro Femenino Latinoamericano (Mar del Plata, Argentina, 2019).
- DISTINCIÓN por su destacado aporte a la cultura en la 1er. Semana Internacional de Literatura Infantil y Juvenil, por el Alcalde Daniel Malpartida de la Municipalidad Distrital de Bellavista (Perú, 2019).

- 3.ER PREMIO en el Concurso Literario Dr. Alberto Manini Ríos con la obra infantil *Mi perro en zapatillas* (AEDI. Montevideo, Uruguay, 2019).
- PREMIO INCENTIVO de la Intendencia de Maldonado con la obra *Escondida detrás de su sombrero* (Maldonado, Uruguay, 2018).
- 2.º PREMIO en el Concurso Literario Dr. Alberto Manini Ríos, por la Asociación de Escritos del Interior, con el libro *La clandestinidad de las ventanas* (Montevideo, 2018).
- PREMIO INTERNACIONAL «Grandes mujeres de las artes» por su aporte poético y el compromiso en defensa de la mujer, por la *World Federation For Ladies Grand Masters* (WFLGM) (Buenos Aires, Argentina, 2017).
- DISTINCIÓN a su trayectoria literaria y gestión cultural en Perú y Latinoamérica, y por el trabajo con los niños peruanos (Mesa Redonda Panamericana de Barranco. Lima, Perú, 2016).
- MEDALLA GUYAAN-UY en reconocimiento a su quehacer literario y social por el Grupo de Unión y Apoyo al Artista Nacional (Maldonado, 2016).
- PREMIO INSTITUCIONAL MOROSOLI A LA CULTURA URUGUAYA (2015), otorgado por la Fundación Lolita Rubial por la permanente difusión de la literatura americana a través de la organización de los Encuentros Internacionales «Poetas y Narradores de las Dos Orillas» (Minas, Uruguay, 2015).
- MEDALLA DE HONOR RUBÉN DARÍO en el centenario del nacimiento del poeta por la Asociación Escritores y Artista del Orbe (AEADO. Lima, 2015).

- Invitada al Encuentro Binacional Perú - Uruguay organizado por la Sociedad Peruana de Poetas, Instituto Raúl Porras Barrenechea (Perú, 2015).
- Invitada al XIII Festival Internacional de Poesía de Costa Rica, representando al Uruguay (Costa Rica, 2014).
- Distinción «Alfonsina Storni», por el Foro Femenino Latinoamericano, por *Mujer dibujada de silencios,* poemario que destaca el compromiso en la defensa de los derechos humanos de las mujeres (Argentina, 2014).
- Medalla *Honra ao Merito,* otorgada por el club panamericano Enrique Salazar Cavero de Rotary Club Pelotas (Brasil, 2011).
- Medalla al Mérito «Oreste Plath», otorgada por la Academia Chilena de Literatura Infantil y Juvenil, en la 30.ª Feria Internacional del Libro de Santiago (Chile, 2010).
- Premio Vittoria a su labor cultural y social dedicada a la niñez, por la Asociación de Arte Mediterráneo y ONG Mujeres en Acción (Uruguay, 2010).

Libros Publicados: doce de poesía, seis libros infantiles, tres libros de cuentos y una novela. Ha participado en más de cuarenta antologías y libros colectivos. Sus poemas han sido publicados en Argentina, Uruguay, Brasil, Costa Rica, Cuba, El Salvador, España, Estados Unidos, Italia, Perú, Puerto Rico, Honduras, República Dominicana y Rumania, y han sido traducidos al francés, al italiano y al inglés.

Comentario sobre
Mujer dibujada de silencios

Poder leerte ha significado para mí una pertenencia de cada una de las mujeres expuestas en tu poemario *Mujer dibujada de silencios:* he visto reflejado el ultrajo testimonial en cada verso; es una mujer hablada entre tus versos y la suma del silencio, la contundencia del golpe en su espíritu y en su frágil cuerpo, el reclamo firme y arduo para con la mujer y sus silencios. Eres voz en cada mujer y en sus vivencias: a todas las he sentido y percibido en cada verso…; sensibilidad…, testimonio, reclamo, mucha fuerza. Debemos seguir apoyando y reconstruyendo a cada mujer y tú, Rocío, lo has iniciado. *Mujer dibujada de silencios*, perfecto título para tremendo drama aquí y en el mundo.

Prof.ª Silvia Ortiz,
poeta peruana (2014)

~

Cardoso plasma en imágenes, la degradación ontológica provocada por la humillación generada por la prepotencia, el poder irracional frente a un ser desprotegido. Hay una consubstanciación entre el dolor y la naturaleza traducida en penumbras y lunas, agoreras de un desenlace triste e irreversible. Es el silencio de uno mismo en la desolación trágica de la desesperanza, aunque late una llama encendida, un aliento de vida que se desvanecerá por la perfidia y el horror. La seducción de la perversidad impone el sometimiento hasta lograr la pérdida de la autoestima femenina en este caso y la proyección de sueños muere en un submundo de sombras. El refugio es la oración, la plegaria: es el diálogo con Dios. «Un hombre llena de miedo/ el patio de la casa» es la génesis del terror, el pánico que inmoviliza hasta lo visceral. Se oculta en sí misma, siendo el único rasgo de identidad que demuestra. La angustia opaca su mirada ante la furia desatada con total impunidad: «los días son un disfraz improvisado/ cuando todo carece de sentido». Quizás alguien no pueda comprender el porqué de la desolación frente a la miseria humana. Sin embargo, es una macabra dialéctica, una simbiosis desatada que se transforma en una patología difícil de eliminar. Una vez más, es necesario incursionar en la intimidad del ser para entender cómo se dan estas situaciones desde la cotidianidad. Los recuerdos se transforman en cenizas del olvido como su propia vida y la necesidad de derivar en un sueño eterno. Richard Bach escribía en su obra Juan Salvador Gaviota: «Rompe las cadenas de tu pensamiento y romperás también las cadenas de tu cuerpo».

*Prof.ª **Adela Lladó**,*
(Maldonado, Uruguay, 2014)

~

Escribir es una forma de libertad. No se puede pretender una obra si a la concepción le asiste un acto de indecisión: se puede escribir en la cárcel, perseguido u obligado por extrañas circunstancias, pero el texto literario nace sin paredes represivas. Le sucedió a Wilde cuando escribió «*De profundis*», la perturbadora epístola a Bosie, acaso su obra más desgarradora; le pasó a Henri Charrière en *Papillon,* una de las más conmovedores novelas testimoniales sobre la prisión; y muchísimo antes al Marqués de Sade y a Verlaine después de disparar contra Rimbaud. La literatura sirve como llave o como puerta para el poema o el texto narrativo, la represión o el encierro sirve como motivo, como ingrediente de afirmación para desarrollar la historia o para capturar a las imágenes, y es en realidad el lenguaje a quien el texto literario debe confirmarle su naturaleza silvestre. Pienso esto ahora que he culminado el leer *Mujer dibujada de silencios*, el poemario de Rocío Cardoso, poeta uruguaya que durante estos días visita la Feria del Libro Ricardo Palma. «Un antiguo eco de campanas/ la detiene en las noches/ Y se queda vencida/ ante el grito/ furioso del poniente» escribe y nos ingresa a un escenario de dolor en donde la víctima termina siendo recuperada por el poema. La poesía le asiste su voz, trata de cicatrizarle las heridas a pesar de que los golpes se siguen sucediendo como feroces antorchas sobre sus músculos: «A él no le importó/ el terror en su mirada/ ni las súplicas./ La tarde violácea/ eclipsó el aire con insultos./ Ella no opuso resistencia», e ingresamos a ese espacio de la violencia de género donde la mujer continúa subyugada a ese elemento opresor que la cosifica y la vulnera. La poesía de Cardoso habla desde ellas, les devuelve libertad: las subleva.

Dr. Harold Alva,
poeta y editor (Lima, Perú, 2015)

~

Mujer dibujada de silencios: libro militante, sensible, necesario como palabra expuesta que se levanta para que el silencio no sea la respuesta contra la violencia sobre la mujer, porque el silencio a veces, como en este caso, es la peor de las respuestas. Así como no deben de quedar impunes ni silenciados los crímenes de la dictadura militar (muchos de ellos cometidos contra mujeres indefensas), tampoco debe permitirse ninguna forma de abuso con los más débiles si es que queremos vivir en una sociedad más justa. Afortunadamente, la conciencia crece y la sociedad patriarcal no tiene más remedio que ir cediendo espacios.

Dr. Gustavo Lespada,
Universidad de Buenos Aires,
Instituto de Literatura Hispanoamericana (UBA) (2015)

~

He leído de un solo soplo *Mujer dibujada de silencios* y me he quedado fascinado con su alarido poético. Los poemas de Rocío Cardoso guardan simbolismos entre la agonía y la conspiración del mañana, emergen del vacío como un espejismo, aunque parezca una alegoría de rostros de la tierra nuestra y de siluetas nocturnas. Sus textos son la expiación de su sombra, pero, a la vez, son un fuerte grito de alerta ante el maltrato femenino y la decadente imposición patriarcal, asunto que a ratos socialmente se observa indiferente cuando debería ser causa común de indignación:

A él no le importó
el terror en su mirada
ni las súplicas.

La tarde violácea
eclipsó el aire con insultos.
Ella no opuso resistencia.
Retuvo el dolor
como tantas veces,
perdiéndose en medio del delirio,
huyendo
hasta el vientre de su madre.

Tal actitud violenta encuentra destellos de emancipación:

Y otra vez,
el espejo le devuelve
un rostro amoratado
que no puede gritar.
La humillación
la abandonó a un lado,
sin advertir que fue la clave
que se negó a escuchar.
Al amanecer
emigra con las gaviotas
en busca de su propia libertad.

Rocío Cardoso comparte su esperanza desde la incesante profecía poética, como ella lo dice: «Todo ha cambiado,/ vibraciones,/ presencias./ Algo de mí seguirá vivo,/ palpitando/ en el contorno de esta casa».

Aníbal Fernando Bonilla,
poeta y columnista del diario El Telégrafo *de Ecuador (2015)*

~

Visible, trazada con el tiralíneas de la poesía, la marca que nos dejan siempre los versos compartidos, y en ellos otros cantos, las selvas perdidas, la madera de memoria y lenguaje. En la laguna antes quieta veo mezclarse las aguas distantes de una fuente romana y la espuma del mar de Punta del Este, el inesperado encuentro con la fuerza de la voz poética de Cardoso. Resuena en mí la voz de Rocío desgranando intimidad (ese mosaico de luces y sombras) en su antología *Palabra a la intemperie*, alzando —con palabras certeras— el necesario grito contra maltrato y violencia en su libro *Mujer dibujada en silencios*, renombrando la vida, en fin, en estos hermosos poemas.

Trinidad Gam,
(Granada, España, 2015)

Sobre *Una voz sin susurros*

Si bien la sumisión de la mujer viene desde los orígenes de la historia de la humanidad, también sus recursos para sobrevivir, para rebelarse, para empoderarse han sido infinitos y en todas las épocas encontramos ejemplos de su valentía, su creatividad y su sabiduría. No hay relato sin mujeres, no hay historia sin mujeres. Pero cuando la mujer se incorpora como fuerza de trabajo en la nueva era industrial también lleva sus reivindicaciones y aprende las formas de lucha que la llevarán a conseguir la igualdad para poder estudiar, para poder entrar en la universidad, para poder votar, organizarse, participar políticamente y formar parte de los gobiernos. En Uruguay tenemos el orgullo de haber sido el primer país que incorporó el voto femenino en la Constitución de 1918, y la primera vez que, en efecto, votaron mujeres en pie de igualdad con los hombres, fue en la votación que se realizó en Cerro Chato el 3 de julio de 1927. Las mujeres uruguayas votaron en todo el país recién el 27 de marzo de 1938, más de diez años después. Mucho se ha avanzado desde entonces: las mujeres abrieron nuevas sendas en las ciencias, en el arte, en la política y siguen haciéndolo cada día; mujeres valientes que admiramos por su tesón, su inteligencia y también por esa capacidad de trasmisión que puede lograr, como en este caso los poemas de Rocío Cardoso, que nos llegan directos al corazón, poemas que valen más que mil discurso y tuve el honor de prologar. Pero somos conscientes de que queda mucho para hacer: estos poemas nos muestran que la lucha está en cada expresión de la vida.

Un poema que nos conmueve nos abre el alma, nos enriquece, nos hace crecer; pero estos en particular no nos dejan dudas de que el camino se hace al andar y tenemos que seguir luchando por la igualdad en la representación política, por la igualdad en los salarios, por la igualdad en los hogares, por la igualdad ante la responsabilidad de la procreación y la educación de los hijos, y en contra de este terrible flagelo que sigue arrasando vidas: la violencia contra las mujeres y las niñas y, en términos más amplios, contra la violencia en los hogares, que abarca también la violencia contra los niños y contra los ancianos. Estos poemas de Rocío Cardoso son armas de tinta y papel que ganan batallas indescifrables en los seres sensibles, que enseñan y conmueven, y que marcan la huella a transitar.

*Maestra **Gladys Scarpone**,*
directora de Género y Equidad de la Intendencia de Maldonado
(Maldonado, Uruguay, 2016)

~

En una *Una voz sin susurros*, Rocío nos lleva hasta lo más recóndito del ser humano víctima de la violencia de género: la mujer. Estas vivencias dibujadas magistralmente por nuestra poeta usando sus vastos recursos literarios a manera de precisos instrumentos nos descubren los sentimientos vivenciados por miles de mujeres. Rocío nos presenta en exquisitas metáforas a la protagonista: «Es cristal quebrado en el umbral de sus ojos/ solo es cáscara huérfana en noche sombría», «Es una mujer extraviada/ perdida en orfandades/ y no soporta tanto sufrimiento/ se esconde/ intentando desatar los nudos». Describe exactamente el estado de una mujer violentada, maltratada, degradada por su verdugo del cual no puede escapar: «quiere alejarse de él/ pero no encuentra las señales/ solo deja sus atropellos/ en la fisura de la pared». La valentía y la destreza de Rocío al poner en evidencia esta triste realidad con un estilo propio y colmado de arte literario le sirve también de catarsis a muchas víctimas que puedan identificarse en esta obra poética y que, mirándose al espejo, logren gritarle al mundo: ¡basta ya!

Martha Crosby Crosby,
presidenta fundadora de la Sociedad Peruana de Poetas (2015)

~

He leído *Una voz sin susurros* y me gusta el enfoque que le da a los poemas: hace visible la situación de la mujer maltratada con palabras precisas, sinceras, limpias de florituras y tapujos, claras y contundentes. «Y se enoja con su Dios/ por no tener misericordia», «Su vida huye/ por la hondura del viento», «Es mujer inventada/ por rituales profanos/ y terrores antiguos»: es maravilloso. Me encanta que termine el libro con la esperanza de una vida mejor y la libertad: «Al amanecer/ emigra con las gaviotas/ en busca de su propia libertad».

Aurora Gámez Enríquez,
presidenta de ALAS, Asociación de Mujeres por la
Literatura y las Artes (Málaga, España, 2015)

~

Una voz sin susurros de la poeta Rocío Cardoso, se sumerge con pasos seguros y sin temor al abismo, se adentra al corazón femenino y, desde ahí, despliega las alas para cantar en versos deshojados de lírica sutil y tierna la realidad a veces visible, otras, quizá la más dolorosa: las huellas invisibles que carcomen el alma. Desde épocas remotas, la mujer ocupó siempre una posición subordinada respecto al hombre debido a una estructura familiar que diferenciaba los niveles de género. Actualmente, la imagen de la mujer ha crecido en conciencia política y social, está en capacidad de asumir cargos de poder y plantear mejoras en el mundo con criterio y responsabilidad. La educación y la cultura son bastiones ineludibles en el proceso de cambio y logros. Los atractivos femeninos son usados no solo para vender productos, sino para vender los propios medios de comunicación y estos siguen reflejando la violencia contra la mujer, ya sea integrada al mundo de la normalidad o al mundo de la delincuencia. Rocío Cardoso desentraña, desenmascara sin arquetipos, la realidad de la mujer, actualmente, en versos que calan hondamente en el alma cuando dice: «Ella contempla su voz olvidada/ y sus largos eclipses/ solo la luna la escucha/ mientras va enumerando/ sus tristezas y desalientos».

Prof.ª Celia Flores Flores,
poeta peruana (2016)

~

El universo poético al que nos lleva la poeta Rocío Cardoso en *Una voz sin susurros* es un legado de lucha y emancipación por los derechos de la mujer. Son metáforas que viajan en una sucesión de palabras para comprender el sufrimiento femenino ante el abuso. Creo que el contenido del libro es una espada afilada y punzante que se convierte en un oxímoron del corazón. Rocío Cardoso es acertada en su plática entre líneas y sentimientos; es un libro que tiene un gran contenido poético y humanista sobre aquellas mujeres que siguen adentradas en la penumbra.

Carlos Távara Ramírez,
poeta peruano (2016)